Paul Gisi
Im Fischauge die Welt
Gedichte

Bibliographische Information der Deutschen National-
bibliothek: Die Deutsche Nationalbibliothek verzeichnet
diese Publikation in der deutschen Nationalbibliogra-
phie, detaillierte bibliographische Daten sind im Internet
über http://dnb.dnb.de   abrufbar.

© 2022 Autor: Paul Gisi, op.131
Umschlagbild Ludwig Weibel
Herstellung und Verlag:
BoD – Books on Demand, Norderstedt
ISBN 9783756211548

Paul Gisi

Im Fischauge die Welt

Gedichte

Inhalt

Vorwort

Gedichte sind wie ein Fallwind, ein Basilikumduft, ein sich in einen Traum stürzender Saxofonton. Gedichte sind Intarsien des Schweigens, Streifenbarben, doldiger Sumpfhornklee, Sterne des Bärenstroms, Entflammungen. Gedichte müssen nicht hinterfragt werden, sie schwingen sich aus ins Herzinnere.

Unerforschte Länder, die Terra incognita des Seins – und die gibt es im Menschen *innen* zuhauf – gilt es in der Topologie der Fantasie zu entdecken.

Wer Gedichte schreibt, kann nur *unrettbar* Gedichte schreiben, unerbittlich befreit auf sich selbst hin, auf inkommensurable Verlorenheiten. Vorgegebenes, Längstbekanntes taugen für keinen einzigen Vers. Das Neue in der Genauigkeit und gleichzeitig im Flimmern ergänzt sich absichtslos im Bild, harmonisch, disharmonisch, gleichsam entspannt in der dynamischen existenziellen Evidenz.

Es geht im Gedicht um Neues, das noch nie gesagt, erkannt worden ist.

Zusammenhänge zu knüpfen, auch dort, wo es auf den ersten Augenschein gesehen keine gibt, das ist das Wesen des Gedichts. **Das Auge der Gespensterkrabbe eine Sonne.** Alles, was *ist,* ist sinnlich und mit allem verbunden. Vom Geist lässt sich – crescendo, decrescendo – nur singen in den Farben und Formen der

Schöpfung, auf den orbitalen Umlaufbahnen der Seele, in den Intervallen des Herzens, *dinglich* schöpfungstrunken.

Die Fische
wissen es längst
was uns
niemals
einfallen wird

Meine Gedichte haben keine Botschaft, lieben lustveraltg die Liebe, sind Brandungsgeröll der Nächte, Luftströme, Balalaikaklang. Meine Gedichte sprechen *dich* an, obwohl ich dich nicht kenne, obwohl ich nicht weiss, wer du bist: ein Seeelefant, eine Schneckennatter, ein Mensch, eine Supernova? Das ganze Sein ist mir eine Partitur für meine flockenleichten Wortbilder. *Alles* zu singen ist mir wichtig, auch das Schweigen.

Letztlich – erstlich – ist alles Liebe. Die blauschwarzen Heidelbeeren, in facto die Unwägbarkeiten der Lust, die Mandoline, Spiralnebel. Sich den glockigen Hyazinthen-blüten zu nähern, indem man mit ihnen spricht, was für ein Glück. Alles ist sich geheimnisvoll nah, auch das Entfernteste ist nur ein Atem lang entfernt. Ein- und ausatmen in der Ekstase des Daseins. Das ist das Elementare, Einfachste des Herzschlags. Das pocht an das Universum.

Entgegengesetztes wird im Puls eine Einheit. Silbriges Spinngefäde im Wort, frieselnd unter die Haut gehend.

Ich weiss nicht, um was es mir geht. «Erkenne dich selbst», das ist viel.

Aufs lockige Entschwindende zu horchen, auf einem mit Achat inkrustierten Tisch in der Nebelglocke Liebesgedichte zu schreiben, mirable dictu, und dabei rohrdommelgefleckt weiterzuschreiten, schweifend, immerzu, unaufhaltbar. So ist der Lyriker.

Von den in allen Farben schimmernden Traumscherben reden, den aufflammenden Illuminationen, den wilden Improvisationen der Fantasie, reich wortorchestriert oder betörend sphärisch schlank wie eine Sonate, so sind Gedichte, die aus meinem Tintenfass kommen.

Gedichte sind strauchig verbunden in den Traumrissen, eine Kantilene im Unterbewusstsein, inspirationsentflammt, geheimnisvolle Ströme der Seele. BILDER DER WELT.

Es gibt keine Sicherheiten, keine tauglichen Vorgegebenheiten; Gedichte leben auf Abruf, Gegenruf, Du-Zuruf, stets veränderbar, es geht um RUFWEITEN DER LIEBE, existenzielle Farbveränderungen, Tonartwechsel, ums Ausgeliefertsein in Warm-und-Kaltluftwinden der geheimnisvoll dunklen Psyche, Bildüber-

lagerungen, Bilderweiterungen, Bildverände-
rungen in Sinnbildern der Inspiration, in
Ekstasen der Lust- und Welterfahrungen,
Erstarrungen und Befreiungen in neuen
Interpretationen, um polyperspektivische
Sichtweisen aus dem Kern des Ichs, ums
Ausgeliefertsein den Wasser-und-Dampf-
Fontänen der «Erinnerungen», Flucht vor der
Angstsuggestion, mal rettungslos, mal ziel-
führend rettend.

Kunst ist keine Therapie, keine Lebenshilfe,
sondern eine Lebensverunsicherung, wenn
man ein gutes Gedicht liest, «entsetzt» ein
geniales Bild betrachtet, ratlos wird bei
ergreifender Musik. *Ein erstauntes Sichselbst-
begegnen.*

Vogelleicht singend, schweigend in Liebeslust
– angstverwuchert: das Gedicht kommt vom
ganzen Leben her, tanzend sonnenwärts, von
den Algen des Wahnsinns umzüngelt. Das
Geistige ist durchs Sinnliche getränkt, im
Becher der Nacht.

Mit dir auf dem Zweimastersegelschiff
horizontnäher ins Ungewisse zu fahren,
Seeadler im Herzen, Windstürze auf der Zunge:
dies ist die FREIHEIT des Gedichts.

Welt im Auge des Fischs.

Paul Gisi

10

Wir glaubten wir hätten uns tagsüber verstanden

MIT DIR

zu singen

zu zweit

wie ein

ganzer Chor

Es gibt
keine Gefahr
für dich
du bist
hinter meinem Lid

Ich danke dir
Möwe
dein Schrei
hat mich ermutigt
weiterzugehn

Schön
wie ein Fächergewölbe
dein Satz

Als es
im Kopf
zu donnern begann
verzog ich mich
in den Schutz
einer Wasserrose

Dein Glaube
ist auch nur
auf Sand gebaut

Ich liebe Geduld
nur insofern
wie sie befähigt ist
sich in Ungeduld
zu wandeln

Was kriecht
zu meinen Füssen?
eine Schlangenschleiche?
ein Gott?

Die Lieder
des Gelbbrauensängers
überdauern
den Menschen

Ich stelle
einen Wegweiser
fürs *Nirwana* auf
er zeigt
direkt
in deine Mitte

Auf dem Grund
des Weinglases
findest du
die versteckte Quelle

Liebesbriefe
an die Spatzen
die Zweige
des Apfelbaums

Der Ziegenbock
findet
das Dasein
gar nicht
so schlecht
obwohl er
dauernd meckert

Die Zeit
um Murmeln
und Sterne
zu zählen
kommt nicht mehr

Da steht
das Basler Münster
und *da*
fliesst der Rhein
der Wind
kümmert sich
um nichts

Im Traum
hab ich
den *Berg der sieben Stufen*
erklommen

Abends
sassen wir zusammen
und glaubten
wir hätten uns
tagsüber
verstanden

Das Gedächtnis
warf
einen langen Schatten
die Sonne
räumte damit auf

Die Fische
wissen es längst
was uns
niemals
einfallen wird

Deine Füsse
trugen dich
um die halbe Welt
ich blieb
in meinem Drehfauteuil

sitzen
und entdeckte
die ganze Welt

Mit leichter Hand
hingesagt
obwohl die Folgen
unabsehbar sind

Auch *Wissen*
verlängert
das Leben nicht

Wir schenken uns
Wein ein
da die Nacht
nicht aufzuhören scheint

Wir wussten
beide nicht
was wir wollten
deshalb sahen wir
keinen Grund
mit der Umarmung
aufzuhören

Voller Energie
schlugst du
die Kesselpauke
ich entschied mich
weiterhin
in der Orchideenblüte
zu träumen

Du häuftest
Argument um Argument auf
was mich
nicht hinderte
wortlos
in die Sonne
zu blinzeln

Herrlich
unschlüssig
zu sein

Ob der Mensch
vorwärts
oder rückwärts geht
ist bedeutungslos

Wenn der Raum
nur genügend
gross ist
wird alles *frei*

Ja sagen
Nein sagen
mir ist
diese Position
fremd

Komm
ich wage es
mit dir
allein zu bleiben

Auch wenn ich Maler wäre
Bildhauer Komponist
bliebe ich Lyriker

Mit der Harfe
denken

Zu leben mit Teleskopaugen

D A

das

Schweigen

D A

deine Hand

Sich zu verlassen
läuft darauf hinaus
sich zu finden

Nur Umwege
sind von Belang

Ich ziehe mich
in mich zurück
um Grenzenloses
zu erleben

Mit dir
zu lachen
zu weinen
mit dir

Dein Puls
eine Supernova
in mir

Zutiefst Angst
zutiefst Freude
zu leben
mit Teleskopaugen
die wechselnden Formen

sehen
den Atem
vor einer Rose
anhalten

Es gibt
so viel zu tun
zu sagen
mir genügt
zu lachen

Das Gleiche
ist anders
ohne Ursachen
im Wind
der über
deine Lippen
zieht

In der Erschöpfung
tanzen
die letzte Herbstblume
küssen
mit dem Mond
sprechen

Nackt
wie eine Koralle
in der Karibischen See

wir taumeln
aufeinander zu

Ich lebte
volle
fünf Leben
ich hoffe
ein Zehntelleben
schliesst sich
noch an

Ich grüsse dich
lichtscheuer Hutpilz
auch wenn ich selbst
keinen Hut trage

Ich bleibe
versteckt
in der Kithara
solltest du mich
hören
dann bin ich
es nicht

Der Vogel
als Midinette
im Baumgeäst

Über die
Klinkerbeplankung
zieht lachend
der Wind

Lass es
gut sein
ob gut
oder nicht

Mich freuts
unbekannten Menschen
zuzuwinken

Du und ich
werden getragen
von den
sich ändernden
Wellen

Ich weiss nicht
was das ist
das ists

Tun wir
nicht so
als wären wir

einander fremd
näher
gehts
gar nicht

Das Leben
ist derart
versteckt
dass nicht nur Blinde
darüber stolpern

Ja
nein
vielleicht
hören wir auf
zu plappern
überlassen wir
alles Wichtige
dem Schweigen

Nach
diesem Konzert
weiss ich nicht
was machen

Ein Streichquartett
ist nicht einfacher
als eine Sinfonie

Das Lustvolle
der Askese
ist ein Kapitel
für sich
das *ich*
nicht schreibe

Die Protuberanzen
in deinem Auge
auf mich
übergreifende Flammen

Allerlei einerlei
philosophiert
der Blaumaskengaukler
und schwimmt davon

Uns ist
nur vergönnt
zwei drei Schritte
zu machen
jeder Vogel
misst mehr aus

Nach dem Traum
gibts nichts
als die Imagination
der vorbeihuschenden
Wirklichkeit

Wach bleiben
mit Boccherini
dies zu träumen

Es war
gewiss
ein Gott
und kein Floh
der mich ansprang
gewiss?

Mit dir
sich zu verändern

Tiefe Gedanken
gibt es nicht
nur Schaumkrönchen

Vergleiche
den Mond
mit einem Banjo
und singe

Sich endlich
aufzumachen
zu einer Pfirsichblüte

Ob Regen
Sonnenhitze
oder Nacht
ich sehe
keinen Grund
nicht weiterhin
sorglos zu sein

Auf einem Fass
Chianti
rolle ich
zu dir

Der Wurzelfüsser
aus dem Tertiär
wundert sich
über uns

Wie schön sich zu verirren mit dir

Immer
F R E I
sein

Mit dem Heissluftballon
ins Meer eintauchen
zur Verwunderung
der Fische

Sich zu erheben
heisst
in sich
zu versinken

Wellende Verwandlungen
in der Einheit
des Lebens
aufgehoben
in deinem Atem
im ausruhenden *Sehen*
des Wesentlichen

In deinem
dunklen Fischauge
das Licht
erkennen

Das Schwebende
Unfassbare
auf der Zunge
wenn du schweigst
lachst

Sterne
winken
dem Menschen zu
winken wir
liebend zurück

Wie schön
sich zu verirren
mit dir

Mit dir
zu schweigen
heisst
ich liebe dich

Ineinanderzuströmen
wenn alles
scheitert
Ja zu sagen

Der Mosaikfadenfisch
spielt
auf der Viola da Gamba
eine Liebesmelodie
für dich

Sich zu kostümieren
nacktzunacktsein
ich habe gewählt

Ich küsse
deine schrundige Hand
bleibe bei dir

Ausschweifen
in der Blütenkrone
des Veilchens

Wie eine Flechte
zu dir hin
wachsen

Am Abend
noch das Gleiche
zu denken
wie am Morgen
finde ich
überflüssig

Geschichtliche
Grossereignisse
sind bloss

Konfetti
für die Gegenwart

Du kannst mich
nicht festhalten
ich schwanke
meiner Natur gemäss
hin und her

Trakl
du bist
mein Bruder
du kannst
immer
zu mir kommen

Vorwärts zu mir
rückwärts zu mir
einfach
drauflostrampeln

Supernoven
sind wie Liebesbriefe
die wir
nicht verstehn

Sich im Schlaf
umschlingen

sich im Wachsein
umschlingen

Mond und Wind
aus dem Fluss
entsprungen
ich wärme
meine Füsse
an der Sterne Glut

Weisheit
ein Mobile
tänzelnde Fäden
Stäbchen Figuren
sonst nichts

Erkenntnis
ist farbtrunken
schillernd
ein Fluss
auf den Abgrund zu

Sich der Schönheit
im Mikrobiellen
zu nähern
braucht
viel Geist

Ideen
bedeuten mir
nur etwas
wenn sie
sinnlich sind

Auf gehts
umarmt
mit dem Fliegenden Fisch
ins Feuer
der Sterne

Mit dir
bin ich
im Gleichgewicht
es ist
nicht vorgesehen
daraus herauszufallen

Du bist
so schön
auch durch
Tränen
hindurch
gesehn

Um die achte Sinfonie
von Bruckner
zu hören

reise ich
in den Orionnebel

Wie Krähen
hocken
die Jeremiaden
im Baum
während ich
in meiner Stube
das Psychogramm
des Universums
entwerfe

Deine Augen
dunkle Trauben
Moos
das Wort

Wie ferne Gongschläge
wiegen sich
Sumpfdotterblumen
im Traum

Sancta Maria
in Mozarts
Litaniae Lauretanae
gehört zu haben

ermöglicht mir
weiterzuleben

Mit vier Augen
zwei nach innen
zwei nach aussen
der Botschaft der Träume
nachgehen
in mir mit dir
allüberall

Deine Hüfte
eine Seenelke
blumig
perlend
tänzerisch klingend
wie ein unbekannter Stern

Das Wort
in Moll
eingefärbt
auf deiner Zunge
findet mich

Im Schallkörper
der Mandoline
vielfingrig
virtuos
Liebe

wenn Lippe
Lippe findet

Reflexe Instinkte
Immanenz Transzendenz
Logikallotria
es gibt so viel
zu lachen

Der Geist
ein organisches Molekül
in der Astrobiologie

Schabrackenschakalschiefergrau
die Angst

Im Echogewölbe
dir zu sagen
dass die Welt
brennt
dass Mönche
im Höhlenkloster
Sagorsk
Erhöre mich
singen
dir das zu sagen

Gedichte
wie Begonien
weiss rosa rot
gelb orangen
das Weltall
singt

Jetzt zu schweigen
ist Anbetung

In deinem
A T E M
leben

Mit Langustenantennen
höre ich mich ein
ins Raumlose
denke nach
über die Tonlöcher
der Zeitlosigkeit

Als *Himmelsarchitektur*
sehe ich
nur Ruinen

Ich liebe dich
alter Esel
dein Dichüberdieweltverwundern
wir bleiben zusammen

Das Fremde
in deinem Gesicht
enträtsle ich
durch einen Kuss

Wie leicht
dein Körper ist
ruhig atmend
handinhand
wenn der Safranfink singt
der Fiederbartwels lacht

Fischreiherschlank
dein Körper
im Schilf
leicht taumelnd

Die Musik
im Herzraum
zaubrisch
verloren
flammenzüngelnd
universenweit
allein

Bleierne Erde
über die ein Vogelschatten
streicht
und ein Apfelbaum
Früchte trägt
nocheinmal

Lass den Stein
liegen
im Urdonner
beschütze
den Samen
im Morgenlicht

Ich bin
ein Fremdling
zuhause
weiss nicht
wohin mich wenden
weiss nicht
warum ich
nicht aufstehe
und fortgehe
w e i t fortgehe

Das Universum
ein Graffito
eines verwirrten Gottes

Wie jung
und schön
du bist
Ewigkeit
im Fischauge
in der Minute
des Grossen Schillerfalters
im Beben des Kusses

Drachenfische Buntbarsche
Felsenleguane Flügelginster
sie sinds
die den Planeten
retten

Ich sehe
Zusammenhänge
wo es
keine gibt

Ein Schleiertanz
das Leben
verhüllend
enthüllend
waldsalamandrisch

Überschwemmungen
Überflutungen
ursachlos
ziellos
wissend unwissend

Die Scharlacheiche
an der Mittelmeerküste
singt
von Luft und Licht
Meerbrandung
LIEBE

Ein Fallwind
flammenschlagend
einhorchend
ins Schweigen

Hin und her flutend
das Flimmern
auf und ab tanzend
die Fruchtflöckchen
am Rand des Himmels
im zärtlichen Flüstern
der weissen Dahlie

Im *Dornauge*
bluten Jahrtausende
glitzern Sterne
wie Plankton
jetzt zu schweigen
ist Anbetung

Die Weisheit
der Leere
winkt dir zu
im kristallklaren Raum
der Fülle
wir lachen
fliessend umarmt

Aussen ist Innen
Innen ist Aussen
aufflammend
auf dem Weg
zu dir hin

Mildiglich ists
erstummend
zu vergessen
die Irrwege
sagt man
sage ich
aber nicht

In interstellaren
Verdunkelungen
einem Schleierkärpfling
zulächeln
das Weinglas
nachfüllen
nach dem Kuss

Du
cembalosilbrige
schlanke Schönheit
die ich anbete
die ich *singe*
im Herzschlag
des Igelfischs

Traumrissig
aschig
in dir *versunken*
das BILD VON WELT

Durch die Lesebrille
die Worte
am Himmel
entziffern
bei einem alten Brandy

In vielen Zungen
zu schweigen
mit dir

Das Geschlecht
wie ein Schilfrohr
im Nachtwind

Der Spitzbartfisch
dieser alte Philosoph
winkt ab
Gespräche
bringen nichts

Ein netznerviges Tagebuch
zu führen
ohne Regenschirm
im Nimbostratus
ist keine
leichte Sache

Zu einfach ists
abzubilden
man muss
erfinden

In der Essenz
der Sinne
GEIST
in deinem Auge

Inflammierende Nacht
wenn du
bei mir bist

Mit dir
zu tanzen
nacktzunackt
im Körperzusammenfallen
der Quasare

Du bleibst
in mir
eingezeichnet
mag die Dunkelheit
so gross sein
wie sie will

Wenn das Weltall
schweigt
höre ich
die Konzertarie
Mandina amabile
KV 480
von Mozart

Die Vogelangst
in deinem Auge
weiss nicht
wohin flüchten
sie ist
blind geworden

Dein Atem
Quellwolken
Luftwurzeln
hinter dem Augenlid
der Welt

Buschig geschweift
das Schweigen
das Bild suchend

Einkreisend
sich näher kommen
was für eine Illusion

Im Handinnern
taumelt
der Kugelsternhaufen
ich halte dich
fest

Das Gedicht
eine Sandbank
auf der ich
gestrandet bin
jetzt
und vor tausend Jahren
schon

So nah
so fern
bist du mir
im Muschelrauschen

Milchstrassen
Deine Wimpern

Wir stürzen
ineinander

Augen wie brustrunde Glocken

Das
Krötenfisch-
auge
SONNE
sieht dich an

Leben
der Deliriumswahn
eines Gottes

Die schönsten
Psalmen
sind die Milchstrassen
sagt sich
der Pappelblattkäfer
und krabbelt
von dannen

In der metallglänzenden
Fischiris
verlieren sich
Sternschweife

Ein paar
Fussstapfen
zum Bärenstrom
eine Atemlänge
zu dir

Gedichte
Clownfische
im Korallenriff
eines Traums

Das Feuer
greift über
von dir
zu mir
von mir
zu dir
rettungslos

Eingerollt
ins Dunkle
was einst
Licht war
namenlos

Endlich
heimgefunden zu haben
in den warmen Armen
des Fagotttons

Was pocht
an mein Gehäus?

Das Weltall
singt
im Fischauge
w i r   s e h e n   u n s

Ateminatemumarmt

Lichtscheu
unter einem
Ahornblatt
sitzend
Nacht
abwartend

Mit dir
ruhe ich aus
in den blumigen Fangarmen
der Seenelke

Mit Dvořáks
Cellokonzert
durch weite Welten
wandern
im Drehfauteuil
sitzend

Windstill
tonlos
die Welt
vielleicht
hörst du
ein Zirpen
im Blumenkelch

Ich öffne
dein Schweigen
mit einem Kuss
du führst
meine Worte
ins Schweigen
mit einem Kuss

Das Fischauge
wie ein Gong
von Urzeiten her

Für Marco Grimm
den Handwerkskünstler
meinen Freund

Das Violinkonzert
ein Segelschiff
das Fahrt aufnimmt
von mir
zu dir

Eine Bitte
wage
die Schritte
Tritte
Ritte
bleib nicht stehn
im Vergehn

Das Universum
die erogene Zone
Gottes

Da hockt er
der Fisch
zuoberst
auf dem Urwaldbaum
und weiss
dass es nichts
zu wissen gibt

Freiheitsberauscht
liebestrunken
ateminatemumarmt

Luftleichtes Licht
in den Tanzfiguren
der Liebe

Mit dir
leben
lachen
Wein trinken
ZWILLING MIMOSE

Glühwürmchen
tanzen
im Harfenklang
ungeachtet
anderer Verhältnisse

Am Ende
wage ich
den Anfang
mit dir

Sibelius` Sinfonien
sieben Riesen
hinter Rodins
Höllentor

Im Tanz
die Pantomime
bekümmert
bedrückt
schattenbedrohlich
ein Geist

Bleib
nicht stehn
Kniearthrose
hin oder her
noch zwei drei Schritte
himmelwärts

Dein Atem
blauer
ausschweifender Wind
eine Berceuse
im Gelb
der Berberitzen

Ein Floh
schaut
ins All
und erkennt
da wohne ich

Mit Metastasen
gibt es
kein Überstehn

Den Kolben
des Aronstabs
die Mandolinenlende
anzubeten
nacktzunackt

Die Oboe
steht
wie ein Leuchtturm

im Wald
ohne sich
zu verwundern

Im Augenbecher
funkelt
uralte Welt

Das Maskendornauge
kennt
die Täuschungen
der Welt
und zieht sich
in eine Spiralgalaxie
zurück

Schlafend
z u   s e h e n

Ein Wachtraum
die Gespinste
der Zeit

Immer
ein Wort zu viel
ein Wort zu wenig
in der Illusion
es ist zum Lachen

Der Weinstern
sieht uns
hinter dem Lid
auf der Zunge
tanzend

Grünaugen
Spinnenfische
ich winke euch
liebend zu

Lustträume
WELTEN
im Atemfluss

Edition Lucrezia Borgia

Liebesgedichte von Paul Gisi:

Sternbilder der Liebe

Aline

Die weinrote Languste schweigt

Deine Zunge tropft in meinen Mund

Shi Zuzhao oder Im Spinnennetz der
Spiralgalaxie

Ich der Ozeanograph deines kleinen Körpers

Die Luszt des Verzweyffelns

Dunkle Cellotropfen

Auf deinen Fingerbeeren tanzt das Weltall

Atem stürzt in Atem

Lichthin in deinen Pupillen

Lust der Glieder

Jean-Luc

Das Universum eine Mirabelle in deiner Hand

Moosauge

Wir schenken uns wild durcheinander uns

(Aiolos Verlag / Edition Lucrecia Borgia /
Books on Demand)

www.zackenbarsch.ch
zackenbarsch.gisi@gmail.com